Observemos el tiempo

Lluvia

Cassie Mayer

Heinemann Library
Chicago, Illinois

Customer Service   888–454–2279

Visit our website at www.heinemannlibrary.com

Photo research by Tracy Cummins, Tracey Engel, and Ruth Blair
Designed by Jo Hinton-Malivoire
Translated into Spanish and produced by DoubleO Publishing Services
Printed and bound in China by South China Printing Company

10 09 08 07 06
10 9 8 7 6 5 4 3 2 1

Library of Congress Cataloging-in-Publication Data
Mayer, Cassie.
  [Rain. Spanish]
  Lluvia / Cassie Mayer.
      p. cm. -- (Observemos el tiempo)
  Includes index.
  ISBN 1-4034-8655-7 (hb - library binding) -- ISBN 1-4034-8663-8 (pb)
  1. Rain and rainfall--Juvenile literature. I. Title.
  QC924.7.M3918 2007
  551.57'7--dc22
                                    2006028246

Acknowledgments
The author and publisher are grateful to the following for permission to reproduce copyright material:
Corbis pp. **4** (cloud; sunshine, G. Schuster/zefa), **5** (Anthony Redpath), **14** (Royalty Free), **15** (Bruce Peebles), **18** (ARKO DATTA/Reuters), **21** (Simon Marcus); Getty Images pp. **4** (lightning; snow, Marc Wilson Photography), **6** (George Grall), **16** (Jeremy Woodhouse), **17** (altrendo nature), **19** (David Woodfall), **20** (Steve Satushek), **23** (cracked clay, altrendo nature; flood David Woodfall).

Cover photograph reproduced with permission of Corbis (Anthony Redpath).
Back cover photograph reproduced with permission of Corbis (ARKO DATTA/Reuters).

Every effort has been made to contact copyright holders of any material reproduced in this book. Any omissions will be rectified in subsequent printings if notice is given to the publisher.

Contenido

¿Qué es el tiempo?

El tiempo es cómo se siente el aire afuera.
El tiempo puede cambiar a cada rato.

El tiempo puede ser un día lluvioso.

¿Qué es la lluvia?

La lluvia es agua que cae de las nubes.

gota de lluvia

gotita de agua

Las gotas de lluvia están formadas por gotas de agua muy pequeñas.

7

gotita de agua —

vapor de agua—

Las gotitas de agua están formadas
por vapor de agua.

El vapor de agua es parte del aire.

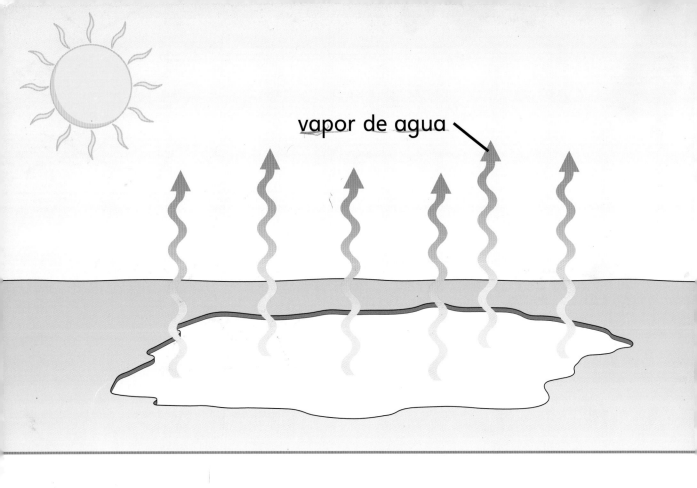

vapor de agua

El vapor de agua viene de los océanos.

El vapor de agua viene de los lagos.

El vapor de agua viene de las plantas.
El vapor de agua viene de los animales.

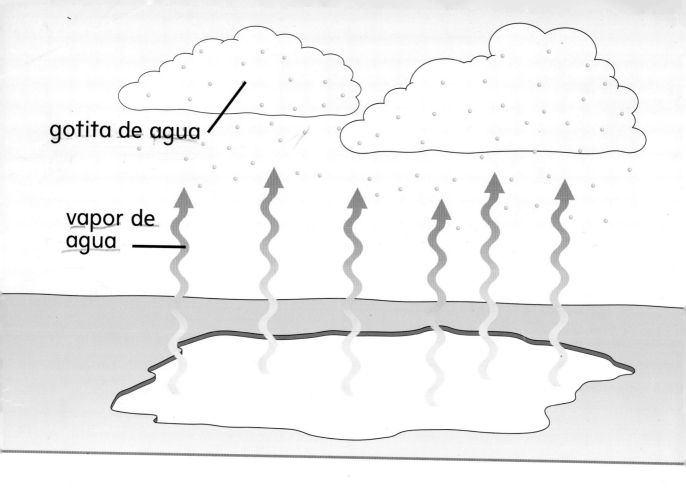

gotita de agua

vapor de agua

El vapor de agua sube por el aire.

El vapor de agua forma gotitas de agua.

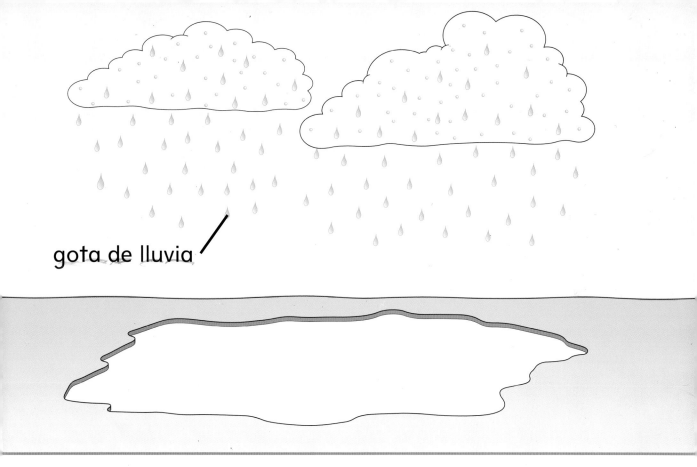

gota de lluvia

Las gotitas de agua forman gotas de lluvia.

Las gotas de lluvia caen de las nubes.

Tipos de lluvia

A veces llueve poco.

A veces llueve mucho.

A veces no llueve durante mucho tiempo.

No hay agua suficiente.

Esto se llama sequía.

A veces llueve demasiado.
Hay demasiada agua.

Esto se llama inundación.

¿Cómo nos ayuda la lluvia?

Todos los seres vivos necesitan agua.

La lluvia trae agua de nuevo a la tierra.

La lluvia es una parte importante del tiempo. ¡También puede ser divertida!

Qué ponerse cuando llueve

paragüas

gorro de lluvia

impermeable

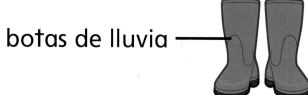

botas de lluvia

Glosario ilustrado

sequía cuando no llueve durante mucho tiempo

inundación cuando hay demasiada agua en la tierra

gotita de agua una gota de agua muy pequeña. Las gotitas de agua son más pequeñas que las gotas de agua.

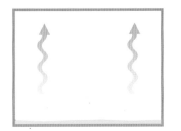

vapor de agua parte del aire

Índice

Nota a padres y maestros

Esta serie presenta el concepto del tiempo y su importancia en nuestras vidas. Comente con los niños las diferencias en el tiempo que ya conocen y señale cómo el tiempo cambia con las estaciones.

En este libro, los niños investigan la lluvia. Se incluyeron diagramas para que los estudiantes comprendan más facilmente cómo se forma la lluvia. El texto fue elegido cuidadosamente con la ayuda de una experta en lecto-escritura, de modo que los lectores principiantes puedan leer con éxito tanto de forma independiente como con cierta ayuda. Se consultó a un experto en meteorología para que el contenido fuera acertado. Puede apoyar las destrezas de lecto-escritura para no ficción de los niños ayudándolos a usar la tabla de contenido, los encabezados, el glosario ilustrado y el índice.